Bernarda Rossi

PANADERÍA Y REPOSTERÍA PARA CELÍACOS

Lea

Equivalencia de pesos

Los pesos de los ingredientes de las recetas incluidas en este libro están expresados en gramos (g), sus equivalencias en onzas son las siguientes:

45 g: 1 ½ onza
100 g: 3 ½ onzas
140 g: 5 onzas
200 g: 7 onzas
240 g: 8 ½ onzas
250 g: 9 onzas
300 g: 10 ½ onzas
400 g: 14 onzas
500 g / ½ kilo: 17 ½ onzas
600 g: 21 onzas
800 g: 28 onzas

Panadería y repostería para celíacos
es editado por
EDICIONES LEA S.A.
Av. Dorrego 330 C1414CJQ
Ciudad de Buenos Aires, Argentina.
E-mail: info@edicioneslea.com
Web: www.edicioneslea.com

ISBN 978-987-718-020-6

Primera edición, segunda reimpresión.
Impreso en Argentina.
Mayo de 2017. Pausa Impresores.

Rossi, Bernarda
Panadería y repostería para celíacos. - 1a ed. 2a reimp. - Buenos Aires : Ediciones Lea, 2017.
32 p. ; 24x17 cm. - (Cocina clásica; 40)

ISBN 978-987-718-020-6

1. Gastronomía. 2. Cocina para Celíacos. 3. Panadería. I. Título
CDD 641.865

DELICIAS INDISPENSABLES

Los productos de panadería y repostería forman parte indiscutible de la dieta argentina y son el complemento casi indispensable para el mate de la mañana o el té de la tarde. Y no hay razón alguna para que alguien se prive de ellos, aunque sea celíaco. ¿Cómo hacer en los casos en que se sufre de celiaquía y no se tolera el gluten contenido en ciertos cereales? Muy simple: preparar esos mismos productos prescindiendo de la harina o de cualquier otro derivado de los cereales con gluten, o sea: el trigo, la avena, la cebada y el centeno. ¿Se puede? Claro que sí: el mercado de hoy en día ofrece multiplicidad de harinas y féculas (de maíz, de arroz, de mandioca, etc.) que permiten elaborar productos "Sin T.A.C.C." o "Libres de gluten", de forma tal que los celíacos puedan disfrutar de un exquisito lemon pie, unos inigualables muffins con arándanos, unos divertidos y sofisticados cupcakes o una tradicional tarta de ricota.

En este libro presentamos esas y muchas otras recetas de panadería y repostería de forma tal que nadie tenga que privarse de tales delicias.

Aclaración importante: todos los ingredientes que poseen el signo * pueden contener gluten oculto y es por ello que deben elegirse de marcas que no posean T.A.C.C. o que contengan la correspondiente leyenda: "Libre de gluten".

RECETAS BÁSICAS

Mezcla sin T.A.C.C. de 3 harinas

400 g de fécula de maíz.
300 g de harina de arroz.
300 g de fécula o harina de mandioca.

Mezcla sin T.A.C.C. de 2 harinas

600 g de harina o fécula de mandioca.
400 g de harina de arroz.

Polvo para hornear sin T.A.C.C.

50 g de bicarbonato de sodio.
50 g de ácido tartárico.
25 g de fécula de maíz.

Masa para tartas dulces

Ingredientes

2 tazas de fécula de maíz.
1 taza de harina o fécula de mandioca.
3 cucharadas de leche en polvo.*
200 g de manteca punto pomada.
3 huevos.
1 taza de azúcar.
1 cucharadita de polvo para hornear sin T.A.C.C. (ver receta).

Preparación

1) Mezclar la fécula de maíz, el polvo leudante y la leche, y tamizar una vez el preparado. Unir con las manos junto con la manteca hasta formar un granulado apenas húmedo.

2) Aparte, batir los huevos con el azúcar y agregarlos a la mezcla de harinas y manteca. Amasar durante 5 minutos y, si fuera necesario, agregar más fécula de maíz.

3) Una vez preparada, está lista para ser usada en cualquiera de las recetas que se indican, o bien, puede envolverse en papel film y guardarse en el freezer hasta el momento de utilizarla.

Pionono

Ingredientes

3 yemas.
3 claras.
3 cucharadas de mezcla sin T.A.C.C. de 3 harinas (ver receta).
3 cucharadas de azúcar.
1 cucharadita de polvo para hornear sin T.A.C.C (ver receta).

Preparación

1) Batir las yemas con el azúcar (preferentemente con batidora) hasta obtener una preparación espesa y homogénea. Incorporar la mezcla de harinas tamizada junto con el polvo para hornear y continuar batiendo.

2) Aparte, batir las claras a punto nieve e incorporarlas cuidadosamente a la mezcla anterior, preferentemente con una espátula.

3) Forrar un molde con papel manteca, extender sobre el mismo la preparación y cocinar en horno precalentado durante 5 minutos a 200º.

4) Desmoldarlo inmediatamente sobre un nuevo papel espolvoreado con azúcar, arrollarlo y dejarlo enfriar.

Pan lactal o
de molde

Pan lactal o de molde

Ingredientes

100 g de manteca punto pomada.
50 g de levadura.
1 cucharada de azúcar.
1 cucharada de sal.
500 g de mezcla sin T.A.C.C. de 2 o 3 harinas (ver receta).
1 taza de agua tibia.
3 cucharadas de leche en polvo.*
2 huevos.

Preparación

1) Mezclar ⅓ del agua con el azúcar, disolver allí la levadura y dejar reposar durante 10 minutos.

2) Mezclar la harina con la leche en polvo y reservar. Colocar en un recipiente el resto del agua junto con la manteca, la levadura fermentada, los huevos y la harina con la leche en polvo. Mezclar todo y, al final, agregar la sal. Amasar durante 10 minutos hasta obtener una masa homogénea y un poco blanda.

3) Enmantecar un molde rectangular, volcar la masa en el mismo y cocinar en horno precalentado a 180° durante 30 minutos o hasta que al introducirle un palillo en la parte más alta este salga seco.

Pan para hamburguesas

Ingredientes

1 k de mezcla sin T.A.C.C. de 2 harinas (ver receta).
30 g de levadura.
500 ml de leche tibia.
50 g de azúcar.
30 g de sal.
80 g de manteca punto pomada.

Preparación

1) Diluir la levadura en una parte de la leche y algo del azúcar. Dejar reposar unos 10 minutos en un lugar cálido hasta que fermente.

2) Colocar en un recipiente hondo la mezcla de harinas, la manteca, lo que queda de leche, la sal y el azúcar. Mezclar levemente los ingredientes y agregar la levadura fermentada. Amasar a mano durante unos 15 minutos hasta lograr que se forme un bollo homogéneo. Tapar y dejar levar en un lugar cálido hasta que duplique su volumen.

3) Estirar con la ayuda de un palo de amasar sobre una mesa u otra superficie plana espolvoreada con un poco de fécula de maíz hasta dejarla de un espesor aproximado de 1 cm. Cortar discos circulares con la ayuda de un vaso o un cortante circular.

4) Colocar los panes sobre una placa de horno previamente enmantecada, tapar y dejar levar nuevamente en un lugar cálido hasta que dupliquen otra vez su volumen y cocinar en horno precalentado a 180° durante 15-20 minutos.

Chipá

Ingredientes

500 g de fécula de mandioca.
1 cucharadita de sal.
*200 g de queso fontina rallado.**
*200 g de queso rallado.**
2 huevos.
65 g de grasa vacuna.
Leche, cantidad necesaria.

Preparación

1) Mezclar en un recipiente hondo la fécula de mandioca con la sal, el queso fontina y el queso rallado. Hacer un hueco en el centro y colocar los huevos apenas batidos, la grasa blanda y un poco de leche.

2) Ir uniendo las dos preparaciones mientras se agrega más leche, hasta obtener una preparación lisa y consistente. Amasar hasta lograr una textura lo más homogénea posible, envolver en papel film el bollo y dejar reposar durante 20 minutos.

3) Ir formando pequeños bollitos con la masa (aproximadamente, 30), disponerlos sobre una placa sin enmantecar ni enharinar y cocinar en horno precalentado a 180° durante 20 minutos.

Focaccia al romero

Ingredientes

160 g de mezcla sin T.A.C.C. de 3 harinas (ver receta).
1 cucharadita de sal.
1 cucharadita de azúcar.
1 sobre de levadura seca.
¾ de taza de agua tibia.
Aceite de oliva cantidad necesaria.
Romero a gusto.
Sal gruesa a gusto.

Preparación

1) Colocar en una batidora o procesadora la mezcla de harinas, la sal, el azúcar, la levadura seca, el agua y 1 cucharadita de aceite de oliva. Batir durante unos 5 minutos hasta obtener una preparación cremosa, homogénea y sin grumos.

2) Aceitar una placa profunda rectangular o una pizzera, espolvorearla con fécula de maíz y estirar allí la masa. Cubrir y dejar levar en un lugar cálido hasta que duplique su volumen.

3) Pincelar la superficie con abundante aceite de oliva, espolvorear con la sal gruesa y el romero, y cocinar en horno precalentado a 200° durante 25 minutos, dependiendo del molde utilizado.

Focaccia al romero

Prepizza

Ingredientes

100 g de manteca punto pomada
500 g de mezcla sin T.A.C.C. de 3 harinas (ver receta).
2 cucharadas de azúcar.
1 vaso de leche.
50 g de levadura.
1 cucharadita de sal.
*Puré de tomate.**

Preparación

1) Batir la leche con el azúcar y la sal, y agregar en forma gradual la mitad de la mezcla de harinas y la levadura. Incorporar el resto de la harina y la manteca, y trabajar la masa hasta formar un bollo lo más uniforme posible. Tapar y dejar levar en un lugar cálido hasta que duplique su volumen.

2) Aceitar una pizzera, estirar sobre ella el bollo obtenido, volverlo a tapar y dejar levar nuevamente en un lugar cálido hasta que duplique otra vez su volumen.

3) Pincelarla con un poco de puré de tomate y cocinar en horno precalentado a 200° durante 20 minutos.

Palotes de queso

Ingredientes

70 g de harina de arroz
70 g de fécula de maíz.
70 g de fécula o harina de mandioca.
50 g de leche en polvo.*
1 cucharadita de sal.
2 huevos.
2 cucharadas de aceite.
Agua, cantidad necesaria.
*4 cucharadas de queso rallado.**

Preparación

1) Mezclar en un recipiente hondo la harina de arroz, la fécula de maíz y la fécula o harina de mandioca, la leche en polvo y la sal, formando un hueco en el centro. Allí, agregar los huevos y el aceite, y amasar desde el centro hacia los bordes, mientras se va incorporando agua hasta lograr una masa tierna y homogénea.

2) Estirarla con la ayuda de un palo de amasar sobre una mesa u otra superficie plana espolvoreada con un poco de fécula de maíz hasta dejarla de un espesor aproximado de 1 cm. Pincelar con aceite, espolvorear con el queso rallado y con un cuchillo o cortante, cortar en rectángulos de aproximadamente, 2 x 10 cm de lado.

3) Cocinar en horno precalentado a 180° durante 12-15 minutos.

Tarta de peras

Tarta de peras

Ingredientes

1 masa para tartas dulces (ver receta).
10 peras peladas y sin el centro, cortadas en mitades.
10 cucharadas de azúcar.
Unas gotas de esencia de vainilla.
2 huevos.
*10 cucharadas de mermelada de pera o jalea de membrillo.**
1 cucharadita de canela en polvo.

Preparación

1) Estirar la masa en un molde redondo lubricado con un poco de aceite. Cortar y emparejar los bordes en caso de que sobre masa y distribuir las peras cubriendo toda la superficie. Reservar.

2) Mezclar bien los huevos, el azúcar, la esencia de vainilla y la mermelada o jalea, y volcar la preparación obtenida sobre las peras. Espolvorear con la canela en polvo.

3) Cocinar en horno a 180º durante 35-40 minutos.

Arrollado de chocolate blanco con almendras

Ingredientes

1 pionono (ver receta).
100 ml de crema de leche.*
150 g de chocolate blanco rallado.*
50 g de almendras picadas o fileteadas.
Azúcar impalpable a gusto.*

Preparación

1) Colocar la crema de leche en una olla, llevarla al fuego y, cuando esté bien caliente (sin acercarse al punto de ebullición) retirar del fuego. Agregarle el chocolate blanco y revolver bien hasta que este se disuelva totalmente. Dejar enfriar a temperatura ambiente hasta que solidifique un poco.

2) Estirar el pionono sobre una bandeja o placa y untar la crema de chocolate blanco sobre su superficie tratando de que quede lo más pareja posible, y disponer las almendras sobre su superficie.

3) Arrollar el pionono, espolvorearlo con abundante azúcar impalpable y llevar a la heladera por un mínimo de tres horas. Antes de servir, darle un golpe de 15-20 minutos de freezer.

Tarta dulce de zapallo

Ingredientes

1 masa para tartas dulces (ver receta).
2 tazas de cubos de zapallo o calabaza pelada.
200 ml de crema de leche.*
200 g de azúcar rubia o morena.
1 cucharada de canela molida.
2 huevos.

Preparación

1) Estirar la masa en un molde redondo lubricado con un poco de aceite. Cortar y emparejar los bordes, en caso de que sobre masa. Reservar.

2) Hervir en abundante agua el zapallo o la calabaza hasta que quede tierno. Colar, escurrir bien, dejar que se entibie y procesar junto con la crema de leche, el azúcar, la canela molida y los huevos hasta obtener una mezcla homogénea.

3) Rellenar la tarta con esa mezcla y cocinar en horno a 180° durante unos 30 minutos.

Bizcochuelo de vainilla

Ingredientes

160 g de fécula de maíz.
6 huevos.
¾ de taza de azúcar.
2 cucharadas de esencia de vainilla.

Preparación

1) Batir los huevos, el azúcar y la esencia de vainilla (preferentemente con batidora) hasta obtener una preparación espesa y homogénea. Tamizar la fécula de maíz y agregarla a la mezcla en forma de lluvia sin dejar de batir hasta volver a obtener una preparación homogénea.

2) Verter la mezcla en un molde previamente enmantecado y espolvoreado con fécula de maíz y cocinar en horno precalentado a 120° durante 40 minutos o hasta que al introducirle un palillo en la parte más alta, este salga seco.

3) Retirar, dejar enfriar y desmoldar.

Bizcochuelo de vainilla

Tarta de naranja

Ingredientes

1 masa básica para tartas dulces (ver receta).
Jugo y ralladura de 3 naranjas.
Gajos sin semillas ni hollejos de 3 naranjas.
4 huevos.
1 taza de azúcar.
Mermelada de naranja, cantidad necesaria.*

Preparación

1) Estirar la masa en un molde redondo lubricado con un poco de aceite. Cortar y emparejar los bordes, en caso de que sobre masa. Cocinar en horno a 180º durante 30 minutos. Retirar y dejar enfriar.

2) Mezclar el jugo y la ralladura de las naranjas con los huevos y el azúcar, y cocinar a baño María hasta que espese, siempre revolviendo. Retirar, dejar enfriar y llevar a la heladera por una hora.

3) Rellenar la tarta con la crema de naranja, cubrir toda la superficie con los gajos y pincelar con la mermelada.

Tarta de almendras

Ingredientes

1 masa para tartas dulces (ver receta).
250 g de almendras peladas.
200 ml de crema de leche.*
5 cucharadas de azúcar.
2 huevos.

Preparación

1) Estirar la masa en un molde redondo lubricado con un poco de aceite. Cortar y emparejar los bordes, en caso de que sobre masa.

2) Mezclar bien la crema, los huevos y el azúcar, añadirle las almendras, y volver a mezclar.

3) Rellenar la tarta con la mezcla obtenida y cocinar en horno a 180° durante 30 minutos.

4) Servir bien fría, luego de refrigerar varias horas.

Arrollado de frutillas con crema

Ingredientes

1 pionono (ver receta).
100 ml de crema de leche.*
1 cucharada de azúcar.
1 merengue desmigajado.
¼ de frutillas lavadas, sin cabito y cortadas en láminas gruesas.
Azúcar impalpable a gusto.*

Preparación

1) Batir la crema con el azúcar hasta obtener el punto chantilly. Estirar el pionono sobre una bandeja o placa y untar la crema sobre su superficie tratando de que quede lo más pareja posible. Colocar las láminas de frutilla también de la forma más pareja posible y espolvorear con el merengue.

2) Arrollar el pionono, espolvorearlo con abundante azúcar impalpable y llevar a la heladera por un mínimo de tres horas. Antes de servir, darle un golpe de 15-20 minutos de freezer.

Budín glaseado

Budín glaseado

Ingredientes

Para el budín:

250 g de mezcla sin T.A.C.C. de 3 harinas (ver receta).
100 g de manteca punto pomada.
200 g de azúcar.
4 yemas.
4 claras.
200 ml de yogur.*
3 cucharaditas de polvo para hornear sin TACC (ver receta).

Para el glaseado:

½ taza de azúcar impalpable.*
Jugo de limón, cantidad necesaria.

Preparación

1) Batir la manteca junto con el azúcar hasta obtener una preparación cremosa y homogénea. Añadir las yemas de una en una, siempre batiendo luego de cada adición. Agregar el yogur, volver a batir e incorporarle la mezcla de harinas y el polvo para hornear, previamente tamizados. Mezclar bien.

2) Batir las claras a punto nieve e incorporarlas cuidadosamente a la mezcla anterior, preferentemente con una espátula.

3) Colocar en un molde de budín inglés enmantecado y enfeculado, y cocinar en horno precalentado a 180° durante, aproximadamente, 20-25 minutos. Retirar, dejar enfriar y desmoldar.

4) Para hacer el glaseado, mezclar el azúcar impalpable con el jugo de limón hasta obtener una crema y bañar con ella la superficie del budín.

Budín de zanahoria y nueces

Ingredientes

250 g de mezcla sin T.A.C.C. de 3 harinas (ver receta).
150 g de azúcar rubia.
2 cucharadas de miel.
2 huevos.
50 g de manteca a punto pomada.
3 zanahorias ralladas.
1 pocillo de nueces picadas.
2 cucharaditas de polvo para hornear sin TACC (ver receta).
1 cucharada de esencia de vainilla.
1 cucharada de canela en polvo.

Preparación

1) Procesar la mezcla de harinas, el azúcar rubia, la miel, los huevos, la manteca, el polvo para hornear, la esencia de vainilla y la canela hasta obtener una mezcla homogénea y sin grumos. Agregar las zanahorias y las nueces, y mezclar bien.

2) Volcar la preparación en una budinera previamente enmantecada y enharinada con mezcla sin TACC y cocinar en horno precalentado a 180° durante aproximadamente 50 minutos o hasta que al introducirle un palillo en la parte más alta este salga seco. Desmoldar sobre una rejilla.

Tarta de ricota

Ingredientes

1 masa básica para tartas dulces (ver receta).
*500 g de ricota**
1 cucharada de ralladura de limón.
2 huevos.
80 g de azúcar.
1 cucharada de esencia de vainilla.

Preparación

1) Estirar la masa en un molde redondo lubricado con un poco de aceite. Cortar y emparejar los bordes, en caso de que sobre masa.

2) Procesar o mezclar bien la ricota con la ralladura de limón, los huevos, el azúcar y la esencia de vainilla.

3) Rellenar la tarta con esa mezcla y cocinar en horno a 180° durante unos 30 minutos.

Galletitas de miel

Ingredientes

325 g de mezcla sin T.A.C.C. de 3 harinas (ver receta).
90 g de azúcar.
90 g de manteca punto pomada.
1 huevo.
2 yemas.
50 g de miel.
1 cucharada de esencia de naranja.

Preparación

1) Procesar la mezcla de harinas con la manteca hasta obtener una preparación arenosa. Agregar el azúcar y continuar procesando. Incorporar el huevo, las yemas, la miel y la esencia de naranja, y seguir procesando hasta formar una masa lisa.

2) Envolverla en papel film, llevar a la heladera y dejar descansar 2 horas.

3) Retirarle el papel film y estirarla sobre una superficie plana, hasta llegar a medio centímetro de grosor y cortar en discos de unos 10 cm de diámetro.

4) Disponer los discos bien separados unos de otros sobre placas enmantecadas y enfeculadas, y cocinar en horno precalentado a 180° durante 20 minutos.

Muffins con arándanos

Ingredientes

200 g de fécula de maíz.
50 g de harina o fécula de mandioca.
200 g de azúcar.
200 g de manteca.
4 yemas de huevo.
4 claras de huevo.
2 cucharaditas de bicarbonato de sodio.
1 caja de arándanos.
Pirotines o cápsulas de papel cantidad necesaria.

Preparación

1) Batir las claras a punto nieve (preferentemente con batidora) hasta que queden bien firmes. Aparte, batir levemente las yemas e incorporarlas cuidadosamente a las claras. Añadir el azúcar, mezclar, agregar la manteca y volver a mezclar.

2) Tamizar la fécula de maíz, la fécula o harina de mandioca y el bicarbonato de sodio, mezclarlos bien, agregar a la preparación anterior y mezclar. Por último, incorporar los arándanos y volver a mezclar.

3) Llenar los pirotines hasta ⅔ de su capacidad y cocinar en horno precalentado a 180° durante 20 minutos o hasta que al introducirle un palillo en la parte más alta este salga seco.

4) Sacarlos, no tocarlos durante los primeros 5 minutos y, transcurrido ese tiempo, colocarlos sobre una rejilla para que se enfríen.

Muffins con arándanos

Budín de tres chocolates a la naranja

Ingredientes

200 g de mezcla sin T.A.C.C. de 3 harinas (ver receta).
300 g de azúcar.
100 g de cacao amargo.*
100 g de chocolate semi amargo rallado.*
100 g de chocolate con leche rallado.*
3 huevos.
150 g de manteca punto pomada.
180 ml de crema de leche.*
1 cucharada de esencia de vainilla.
100 g de cascaritas de naranja.
1 y ½ cucharadita de polvo para hornear sin T.A.C.C (ver receta).

Preparación

1) Batir la manteca junto con el azúcar y, cuando se haya logrado una preparación cremosa y homogénea, incorporar los huevos de a uno por vez, sin dejar de batir.

2) Agregarle la crema de leche, la esencia de vainilla, las cascaritas de naranja, y el chocolate con leche y el semi amargo rallados, y mezclar bien. Tamizar el cacao, la mezcla de harinas y el polvo para hornear e incorporar y mezclar bien.

3) Colocar en un molde para budín inglés previamente aceitado y cocinar en horno precalentado a 180° durante aproximadamente 50 minutos o hasta que al introducirle un palillo en la parte más alta este salga seco.

Cupcakes de banana y dulce de leche

Ingredientes

200 g de mezcla sin T.A.C.C. de 3 harinas (ver receta).
200 g de azúcar.
160 g de manteca punto pomada.
4 yemas de huevo.
4 claras de huevo.
2 cucharaditas de bicarbonato de sodio.
1 cucharada de polvo para hornear sin T.A.C.C.
60 ml de leche.
1 banana bien madura cortadas en cubos pequeños.
Pirotines o cápsulas de papel, cantidad necesaria

Para el relleno y para el *topping:*
Dulce de leche repostero, cantidad necesaria.*

Preparación

1) Batir las claras a punto nieve (preferentemente con batidora) hasta que queden bien firmes. Aparte, batir levemente las yemas e incorporarlas cuidadosamente a las claras. Añadir el azúcar, la leche y la manteca, y volver a mezclar.

2) Tamizar la mezcla de harinas, el polvo para hornear y el bicarbonato de sodio, mezclarlos bien, agregar a la preparación anterior y mezclar. Por último, agregar los cubos de banana y volver a mezclar.

3) Llenar los pirotines hasta ⅔ de su capacidad y cocinar en horno precalentado a 180° durante 20 minutos o hasta que al introducirle un palillo en la parte más alta este salga seco. Sacarlos, no tocarlos durante los primeros 5 minutos y, transcurrido ese tiempo, colocarlos sobre una rejilla para que se enfríen.

4) Cuando aún se encuentren tibios, tomar una cucharita, romper cuidadosamente el centro, verter una pequeña cantidad de dulce de leche en él y cerrarlo, apretando el cupcake. Esperar a que se enfríen, refrigerar y servir con un copete de dulce de leche por encima.

Brownies

Brownies

Ingredientes

200 g de manteca punto pomada.
8 barras de chocolate para taza semi amargo.*
4 huevos.
1 de taza de azúcar.
1 taza de mezcla sin T.A.C.C. de 3 harinas (ver receta).

Preparación

1) Derretir a baño María el chocolate junto con la manteca. Dejar enfriar.

2) Batir los huevos junto con el azúcar hasta obtener una preparación espesa y espumosa. Agregar a la mezcla el chocolate y la manteca ya fría y batir enérgicamente (de preferencia, con un batidor eléctrico) hasta lograr una mezcla homogénea y espesa.

3) Añadir la mezcla de harinas y continuar batiendo hasta que todos los ingredientes liguen bien.

4) Enmantecar o aceitar una placa, enharinarla (siempre con mezcla sin TACC) y distribuir la mezcla de manera tal que quede de un espesor aproximado de 1 cm.

5) Cocinar en horno a 150° durante 40 minutos o hasta que se forme costra sobre la superficie superior. Dejar enfriar y cortar en cuadrados de unos 5 cm de lado.

GLOSARIO DE INGREDIENTES

Los alimentos y condimentos reciben nombres distintos en el mundo de habla hispana. Cada país tiene sus denominaciones propias y generalmente ignora las del resto de América y España. En este libro se han utilizado las denominaciones propias de Argentina pero, para que el lector latinoamericano no tenga dificultades en comprender los ingredientes de las recetas, incluimos el siguiente glosario.

Arándano: blueberry.

Azúcar impalpable: azúcar glass, azúcar para nevar.

Azúcar morena: azúcar negra.

Azúcar rubia: azúcar integral.

Banana: cambur, guineo.

Calabaza: auyama, anco.

Crema de leche: nata líquida.

Dulce de leche: dulce de cajeta, manjar blanco, arequipe.

Esencia de vainilla: extracto de vainilla.

Fécula de maíz: almidón de maíz, maicena.

Fruta abrillantada: fruta glaseada, fruta confitada.

Frutas secas: frutos secos.

Frutilla: fresa.

Galletita: cookie.

Mandioca: yuca, tapioca.

Manteca: mantequilla.

Mermelada: dulce.

Polvo de hornear: royal.

Queso fontina: queso de pasta semi dura y sabor algo picante.

Ricota: requesón.

Tomate: jitomate.